14-18 OCTOBRE PRIX : 1 FR.

PARIS-ROME

1903

Simul vitai lampada tradunt

ADRESSE

A Sa Majesté le Roi d'Italie

Paris, Octobre 1903

SIRE,

La Ligue Franco-Italienne a donné à son Comité, qui en est heureux et fier, l'honorable mandat de souhaiter à Votre Majesté la bienvenue dans la Capitale de la France.

Le nom de Victor-Emmanuel est de bon augure pour Paris.

Ceux qui, parmi nous, avaient âge d'homme, il y a près d'un demi-siècle, ont gardé religieusement dans leur cœur le souvenir de la triomphante entrée qu'y fit votre auguste aïeul, aux acclamations affectueusement enthousiastes de cet immense peuple parisien tout entier. Ils se rappellent que cette inoubliable visite royale fut le prodrome de mémorables événements d'où se dégagea la consécration du grand principe des nationalités.

La mémoire qu'ils avaient fidèlement gardée au Roi Galant homme, le Victor-Emmanuel de ces temps-là, les ramène autour du Victor-Emmanuel d'aujourd'hui, avec la même âme pleine de nobles espoirs et débordant des mêmes sentiments de foi dans l'avenir de deux peuples faits pour s'aimer toujours et pour porter ensemble le flambeau de la civilisation à travers le monde.

A sua Maestà Vittorio Emanuele Terzo, ospite prediletto del Popolo Francese, la Legu Franco-Italiana porge, felice, un tributo di rispetto e di amore.

Viva l'Italia ed il suo Re !

D'après une Plaquette de M. C. Cernigliari-Melilli

Sa Majesté la Reine Hélène

SALVE !

J'ai là devant moi une petite statuette de plâtre peint que, voilà bien des années, je rapportais d'Italie. Elle représente Victor Emmanuel, *il re galantuomo*, sous l'uniforme de caporal des zouaves, grade que lui conférait d'acclamation après le combat de Palestro le régiment du 3e zouaves tout entier, les survivants, du moins, les blessés, les mourants, les vainqueurs.

L'humble statuaire populaire qui a représenté debout, la veste bleue au dos, la chéchia rouge au front, la giberne au ventre, guêtré et dressant fièrement son mâle visage aux rudes moustaches légendaires, le roi-soldat, a symbolisé toute une époque et cette figurine de plâtre réveille bien des souvenirs d'un cher et glorieux passé.

Souvenirs de joie, de patriotique orgueil, rêves de liberté ! Victor-Emmanuel dort maintenant sous la voûte du Panthéon et les couleurs tricolores brillent sur son sarcophage. Je l'ai, après l'avoir vu passer sous les acclamations, salué dans la mort. Il fut un moment le roi de Paris lorsqu'il vint à l'heure des canonnades de la Crimée, visiter la ville amie et, de ses boutades dignes du Béarnais, charmer, lui, l'homme des montagnes et des champs, les salons de Paris.

Puis j'ai vu, tout jeune, partir pour la campagne de 1866, son fils qui allait héroïquement former le carré devant les charges autrichiennes. Je l'ai aperçu à cheval comme j'avais, l'avant-veille, entrevu Garibaldi à Côme. Là encore c'est ma jeunesse, ce sont les heures d'espoir, de fraternité, de confiance. Je ne les ai jamais oubliées. La petite statuette de plâtre polychrome, culotte rouge, veste bleue, guêtres blanches (nos trois couleurs) est demeurée là, intacte comme ma foi dans ces races latines que la politique désunit parfois, que tout au contraire le sang, le passé, l'intérêt même, le cœur et l'âme, oui, tout doit réunir.

Et c'est pourquoi ce m'est une joie de saluer l'arrivée à Paris du souverain dont j'ai vu l'aïeul au lendemain de San-Martino, dont j'ai vu le père, encore noir de la poudre de Custozza. L'un et l'autre furent des soldats. Leur successeur le serait aussi au besoin et il guiderait les bersaglieri comme il classe ses médailles, Mais, pensif — tel que me le décrivait le professeur Salinas — ce souverain d'un siècle nouveau que la tête laurée d'un roi grand par la paix vaut bien même pour les numismates — et plus encore pour les peuples — le profil d'un capitaine sur le front de qui la guerre pose une couronne. Victor-Emmanuel III vient à Paris avec un geste d'affection et son père, mort en soldat, avait fait ce rêve d'y venir ainsi, me dit-on. Paris saluera le petit-fils comme il a souri au père, alors prince royal, comme il a salué l'aïeul, le roi de Piémont, devenu le roi d'Italie. Il y a des souvenirs que rien n'efface. J'ai vu partir les futurs grenadiers de Magenta aux cris de *Vive l'Italia !* J'ai entendu, naguère, en Sicile, au théâtre de Syracuse, tout un peuple crier *Vive la France !* Laisse-moi croire que c'est celui du sang, celui qui ne trompe pas.

Ah ! mes vingt ans ! L'*Hymne de Garibaldi*, *l'inno*, *l'inno*, l'hymne d'affranchissement qui nous donnait, à nous, jeunes gens, l'illusion de cette *Marseillaise* que nous n'avions pas alors le droit de chanter !

Il me semble que l'*inno* retentit encore et, dans la *Marche Royale* des soldats de San-Martino, j'entends encore les vers de Brofferio. C'est ma jeunesse. Et c'est une jeunesse — celle de toute une génération de notre France — qui saluera le jeune souverain entrant à Paris tandis que Paris lui-même l'acclamant, enverra aussi un souvenir respectueusement ému à la charmante reine, à l'épouse à qui il espérait sourire — à la jeune mère demeurée là-bas...

Italie ! France ! Il y aura donc encore des journées où ces deux noms seront unis comme leurs deux drapeaux !

Jules CLARETIE.

Le Roi Victor-Emmanuel III

Nous sommes heureux de mettre sous les yeux de nos lecteurs, l'article qu'on va lire sur le Roi Victor Emanuel III, dû à la plume autorisée de l'éminent écrivain et sociologue russe, M. J. Novicow:

La plus grande habileté consiste à faire ce que ne désirent pas nos ennemis. Le roi Victor-Emmanuel III a suivi cette ligne de conduite depuis le commencement de son règne. Après la fin tragique de son père, il aurait pu se jeter dans la réaction la plus extrême. Cela aurait fait le jeu des socialistes et des républicains. Mais le jeune roi a suivi la voie diamétralement opposée. Il a appelé un ministère libéral qui a maintenu l'ordre le plus parfait sans recourir à la moindre loi d'exception et sans sortir un seul instant de la plus stricte légalité. Le roi Victor-Emmanuel a aussitôt recueilli les fruits de sa sagesse, car ses ennemis eux-mêmes, les républicains et les socialistes, sont obligés de reconnaître que jamais les affaires n'ont marché aussi bien en Italie.

Tout le monde comprend que le militarisme est un des principaux obstacles qui s'oppose au bien-être des masses populaires. Or, l'opinion la plus généralement répandue est que le militarisme est surtout soutenu par les souverains. On affirme qu'ils ont une passion spéciale pour les jeux de soldats, qu'ils s'appuient sur les nombreux régiments et qu'ils s'identifient à tel point avec la vie guerrière qu'ils ne se mettent jamais autrement qu'en généraux ou en amiraux. Cette opinion est des plus funestes aux rois, car, si dans l'esprit du peuple, le régime monarchique est nécessairement associé au régime militaire, les peuples seront poussés à supprimer le régime monarchique pour se débarrasser du régime militaire. Les rois feront donc bien de ne pas associer leur cause à celle du militarisme, parce que celui-ci, devenant de jour en jour plus lourd, à mesure qu'il devient de plus en plus inutile, devient aussi de plus en plus abhorré et décrié.

C'est ce que le jeune roi d'Italie a très bien compris également. Lorsque les représentants de la ligue lombarde de la paix sont allés se présenter à lui, il leur a fait l'accueil le plus favorable et le plus encourageant. J'ai pu me convaincre, dans l'audience que le roi d'Italie a bien voulu m'accorder, combien il avait de sympathie pour la grande cause de l'union européenne. Le roi s'est montré très préoccupé des dépenses colossales exigées par le renouvellement continuel de l'armement militaire. Puis, faisant allusion aux idées exprimées dans ma *Missione de Italia* au sujet du rôle que pourrait jouer la couronne d'Italie dans la formation de la fédération de l'Europe, il s'est exprimé d'une façon qui m'a rempli de la plus vive satisfaction.

Enfin, un dernier trait et le plus important de tous : le voyage à Paris. Les ennemis de la royauté italienne étaient heureux de la voir s'inféoder à l'esprit médiéval par une intimité avec un souverain gothique comme Guillaume II. Cette inféodation allait contre toutes les aspirations de la vie moderne, en général, et contre les aspirations les plus profondes du peuple italien, en particulier. Le roi Victor-Emmanuel a adopté une politique diamétralement opposée. Il n'a pas rompu avec la triple alliance, mais, par son rapprochement avec la République française, il a inauguré une ère nouvelle, il a orienté son pays dans une direction moderne.

Certes toutes les alliances internationales sont utiles, certes, toutes sont un timide commencement de l'union générale de l'Europe; mais, de toutes les alliances, celle qui paraît la plus naturelle, la plus logique, la plus conforme à l'histoire est bien l'alliance des races latines.

On a beau faire, les liens qui ont été noués entre l'Italie et la France par les mémorables événements de 1859 ne pourront jamais être rompus d'une façon définitive. Des malentendus pourront naître sous l'inspiration d'hommes violents ou bornés, mais ils ne pourront être que momentanés. L'alliance, cimentée par les deux grands peuples de l'occident le jour où ils ont fait triompher le grand principe plébiscitaire sur le principe barbare de la conquête brutale, cette alliance est indestructible. La France et l'Italie, comme deux complices, ne peuvent plus se séparer. Et combien est glorieux et bienfaisant le forfait qu'elles ont commis ensemble ! Il a consisté à proclamer à la face du monde que les nations civilisées ne peuvent se former que par le libre consentement des citoyens !

D'autre part, le voyage du roi d'Italie, en scellant l'amitié du peuple français et du peuple italien aura un autre résultat des plus bienfaisants. En montrant qu'on peut avoir les relations les plus cordiales avec un ennemi (car au point de vue strictement diplomatique la triple alliance est opposée à la double alliance, donc son ennemie), on foit voir combien les prétendues inimitiés nationales sont chimériques et combien il serait possible de constituer dès maintenant une union intime des nations de l'Europe, union qui permettrait un désarmement simultané et qui donnerait aux classes populaires la possibilité de sortir de l'épouvantable misère où elles sont plongées actuellement.

J. NOWCOW.

EMILE LOUBET

C'est une banalité de dire que le Président Loubet est de ceux qui commandent la sympathie. Simplicité, bonhomie et droiture : tels sont les traits caractéristiques du chef de l'Etat. Ces trois qualités éclatent sur sa physionomie ; on peut dire qu'elles rayonnent sur sa vie tout entière. Il est difficile de ne pas se laisser séduire par le charme de cette nature franche, cordiale et honnête. Aussi, on peut l'affirmer : il a des adversaires, mais il n'a pas d'ennemis.

N'est-ce pas le plus bel éloge à décerner à un homme vieilli dans les luttes politiques, et qui a traversé tous les orages de ces vingt dernières années ?

L'histoire d'Emile Loubet, c'est l'histoire de la démocratie travailleuse et honnête, arrivant aux honneurs et au pouvoir par ses seuls mérites, non pour y satisfaire des ambitions égoïstes, mais pour y déployer la maîtrise de ses facultés servies par une sage expérience et pour y donner l'exemple des plus hautes vertus civiques.

Né en 1838, d'une famille républicaine, le futur chef de l'Etat se trouva naturellement porté à consacrer son ardeur et son intelligence au triomphe des idées démocratiques. L'attentat du Prince Louis-Napoléon suscita chez le jeune Loubet une indignation profonde, et comme l'indignation ne fait pas seulement des poètes, mais aussi des orateurs, ce sentiment lui révéla à lui-même le secret de son éloquence.

Il ne tarda pas à acquérir une brillante réputation parmi les avocats de sa province. Nommé maire de Montélimart, au bout de quelques années, il fut envoyé à la Chambre par ses compatriotes. L'Empire s'était effondré.

Au Palais Bourbon, fidèle et ardent serviteur de la liberté, il acquit bientôt sur ses collègues l'autorité que lui méritaient ses convictions et ses services désintéressés. On connaît sa brillante carrière politique : Ministre, Président du Conseil, Président du Sénat, l'élu de Montélimart occupa noblement tous ces postes éminents. Le vote du 18 février 1899 en l'élevant à la plus haute dignité de l'Etat lui prouva la gratitude de la France et la confiance légitime qu'elle plaçait en lui. Cette confiance ne s'est pas démentie, pas plus que le dévouement et le zèle du premier serviteur de la République.

Nous le répétons : M. Loubet n'a pas le caractère d'un ambitieux : on ne peut lui reprocher ni intrigue, ni bassesse : Dans la haute situation qu'il occupe, il est demeuré aussi simple, aussi modeste qu'à ses débuts.

Qu'on nous permette à ce propos de rapporter une anecdote peu connue et qui le peint au naturel.

Lors de son dernier passage au ministère, M. Loubet alla faire un furtif séjour à Montélimart. Très populaire dans cette ville, et à l'aise au milieu de ses amis, M. le Ministre de l'Intérieur, coiffé d'un chapeau à larges ailes, le cigare aux lèvres, revivait ses heures de jeunesse, ne songeant en aucune façon à se départir de sa cordialité coutumière et de son inaltérable bonhomie. Un beau matin, il partit à pied pour Marsanne, son village natal, désirant aller dire bonjour à sa vieille mère qui a aujourd'hui quatre-vingt-dix ans bien sonnés. Mme Loubet, une vraie campagnarde, qu'on n'a jamais croisée au bois ou sur les Boulevards, s'apprêtait précisément ce jour-là à cuire son pain. Quand M. le Ministre arriva sur le seuil de la maison paternelle, il trouva sa mère occupée à porter la pâte au four. Aussitôt, notre futur Président de la République mit l'habit bas... et ce fut lui qui enfourna le pain.

Ce trait à la Cincinnatus est assez rare pour qu'on le cite. Il n'y a guère en Europe parmi les chefs d'Etat, que le Président de la République suisse qui eût été capable de faire preuve d'une pareille simplicité.

Doit-on s'étonner que M. Loubet soit ennemi du faste et réfractaire au protocole ? Et n'est-on pas disposé à le croire sincère lorsqu'il déclare qu'à l'expiration de ses sept années de présidence, il s'empressera de passer la main à un autre ?

Mais nous espérons bien qu'on arrivera à le persuader que la France n'entend pas de cette oreille-là !

M. Loubet est le type du vrai président d'une démocratie. Il aura montré au peuple français encore trop entiché du galon et du panache, que le vrai prestige d'un homme d'Etat c'est celui qu'il exerce par sa droiture et par sa loyauté.

Ch. BEAUQUIER.

FRANCE & ITALIE

En venant à Paris, le roi d'Italie porte à la France un message de paix et d'amitié du peuple italien. Aussi ce n'est pas seulement avec courtoisie, c'est avec une vive joie qu'il sera accueilli par les Français. Tout ce qui peut dissiper les malentendus et assurer la paix cordiale et confiante entre la France et l'Italie, est un bienfait pour les deux pays et pour l'Europe. A vrai dire, l'accord est possible maintenant, j'entends un accord durable.

La France sait que si elle a rendu à l'Italie, dans sa période héroïque de résurrection, des services inoubliables, elle a aussi cruellement déçu le peuple italien en arrêtant à mi-chemin son émancipation nationale. Elle a aidé l'Italie contre l'Autriche ; elle a aidé la Rome papale contre l'Italie, et si l'on persistait à parler de « l'ingratitude italienne », il faudrait parler aussi de l'incohérence française. Mais à quoi bon disputer sur le passé ? Aujourd'hui toute la démocratie française, débarrassée du monstrueux amalgame semi-révolutionnaire, semi-clérical de la politique napoléonienne, se réjouit de l'entière libération italienne.

Les Italiens se méprendraient étrangement s'ils croyaient qu'il y a en France un seul parti, même le parti catholique, qui ose rêver une reconstitution du pouvoir temporel du pape. Ce fut longtemps le vœu détestable et insensé de nos cléricaux. Si on les eût laissé faire au lendemain de 1870, ils auraient lancé la France encore toute sanglante de ses blessures dans un conflit avec l'Italie moderne. Ils auraient mis au service de la papauté nos armées à peine reconstituées. Mais ils n'ont jamais eu en ce point l'assentiment de notre pays.

Aujourd'hui, les plus fanatiques ne se risqueraient pas à formuler un tel programme, et le parti qui y souscrirait serait écrasé par le suffrage universel. La politique nettement anticléricale de la France républicaine est pour la démocratie italienne une garantie de plus. Mais même si nous devions subir un retour offensif du cléricalisme, même si un mouvement intérieur de réaction menaçait les conquêtes de l'esprit laïque, il serait impossible aux cléricaux de menacer au dehors, par leur politique extérieure, la nation italienne et Rome, sa capitale intangible. Il devient de plus en plus improbable que nous ayons jamais « le gouvernement des curés ».

Mais même le gouvernement des curés ne pourrait être contre l'Italie le gouvernement du pape. Il est naturel que les Italiens, qui ne pouvaient mesurer exactement la force du parti papal en France, aient eu longtemps de l'inquiétude et qu'ils aient cherché dans le pays de Luther un point d'appui éventuel. Mais le pays de la Révolution ne peut plus, même en ses défaillances, tomber assez bas pour que l'indépendance italienne puisse jamais avoir rien à redouter de lui.

Le pays de la Renaissance peut et doit s'épanouir en toute liberté et en toute grandeur entre le pays de la Réforme et le pays de la Révolution.

Les conventions commerciales, l'arrangement conclu au sujet de la Méditerranée ont résolu les difficultés, et il n'y a plus entre l'Italie et la France la moindre cause ou de conflit ,ou même de défiance. Et le jour où il apparaîtra à tous les peuples de l'Europe que la France et l'Italie sont unies non par une alliance formelle, mais par une forte et durable sympathie, ce jour-là, la noble cause de la démocratie et de la paix aura fait un grand progrès en Europe.

Jean JAURES.

❦ ❦ ❦

Nous avons demandé à plusieurs personnalités du monde politique français leur opinion au sujet du rapprochement entre la France et l'Italie.

Voici leur réponse :

Il est temps que les malentendus finissent entre la France et l'Italie. Tout ce qui les fera cesser sera bon. Jen e puis donc qu'applaudir au voyage du roi d'Italie en France. Nous devons y voir tous un gage des sentiments que nous porte la nation sœur et en témoigner notre reconnaissance.

De 1815 à 1859, l'Italie a représenté en Europe le droit qu'on les nations de disposer d'elles mêmes, sans laisser entre les mains de l'étranger aucune parcelle de leur territoire. Elle nous a trouvés dans cette lutte à ses côtés. Elle est certainement aux nôtres, lorsque nous revendiquons nous aussi, au nom du droit européen, l'intégrité de la patrie française.

A. MÉZIÈRES
Sénateur, Membre de l'Institut
Président de l'Association des Journalistes parisiens

❦ ❦ ❦

M. Lucien Millevoye, député de Paris, rédacteur en chef de la *Patrie*, nous adresse la lettre suivante:

Mon cher confrère,

J'écrivais à l'occasion de la visite de l'escadre italienne à Toulon : « Le rapprochement entre les deux grandes nations latines ne rencontrera l'*opposition d'aucune opposition française.* »

J'ai développé les mêmes considérations à la tribune de la Chambre, dans la séance du 11 mars dernier, aux applaudissements de mes collègues. Ma pensée est donc suffisamment connue. Et je suis heureux de constater que j'ai pu la faire partager à la grande majorité des patriotes parisiens. Le roi d'Italie recevra à Paris le meilleur accueil.

Ce voyage a une signification très haute. Nous voulons espérer que les funestes malentendus qui ont séparé trop longtemps l'Italie de la France sont définitivement dissipés et que rien ne s'oppose plus désormais à une entente loyale, cordiale entre les deux pays.

Bien à vous sincèrement.

L. MILLEVOYE.
Député de Paris, Rédacteur Politique de LA PATRIE.

M. LUIGI LUZZATTI

S'il est une figure d'homme d'Etat devant opportunément s'imposer dans une publication comme *Paris-Rome*, c'est celle de l'honorable M. Luzzatti.

C'est lui, en effet, qui a été le premier initiateur de la reprise des relations économiques entre la France et l'Italie. Or, chacun sait que c'est de la conclusion de l'accord commercial, intervenu ensuite entre les deux gouvernements, qu'ont dérivé toutes les heureuses circonstances, dont l'ensemble a engendré l'amical rapprochement, auquel la présence du Roi Victor Emmanuel à Paris, apporte, aujourd'hui, un sceau indélébile.

M. Luzzatti, bien qu'ayant à peine dépassé les limites de l'âge mûr, est célèbre depuis longtemps déjà, non seulement en Italie et en France, mais en Europe et hors d'Europe.

Très jeune encore, il se signalait par d'éminentes qualités d'économiste et d'écrivain qui justifiaient son élévation au poste important de Secrétaire Général du Ministère du Commerce et de l'Industrie.

Peu après, en 1873, il était l'objet d'une double élection, par les collèges d'Oderzo et de Piove, se disputant l'honneur de l'avoir pour député. Et — fait remarquable — cette double manifestation électorale devait rester sans objet ; car le nouvel élu, n'ayant pas atteint l'âge légal, était nécessairement destiné à être invalidé ; mais ses électeurs, lui restant imperturbablement fidèles, le réélirent à nouveau, malgré l'inéluctable prévision d'une nouvelle invalidation, l'élu de leur cœur ayant l'heureux désavantage de se trouver encore en deça de la limite de la trentaine. Enfin, en 1874, il arrivait à cet âge de trente ans, fatalement exigé, et une troisième élection consécutive l'envoyait à la Chambre des députés, dont il est resté, depuis lors, l'un des membres les plus marquants.

Le peu d'espace réservé à cette notice ne nous permet pas de rapporter ici, tous les travaux par lesquels l'honorable M. Luzzati a illustré et illustre sa vie, chaque jour de plus en plus, grâce à l'incomparable activité de son grand esprit, toujours en travail. Toutefois, nous ne saurions nous abstenir de citer au moins l'œuvre de cet apôtre convaincu de l'épargne, comme créateur et propagateur de Banques coopératives et d'institutions de secours mutuels, qui ont tant fait pour l'affranchissement des classes populaires italiennes.

A la Chambre, depuis près de trente ans qu'il y

siège, il n'a cessé de défendre les grandes idées d'économie, de paix, de concorde internationale avec un esprit de sage libéralisme, auquel tous les partis rendent hommage ; rapporteur des projets de lois les plus importants, il s'y est toujours fait remarquer par des exposés lumineux que les votes de l'assemblée ratifient le plus souvent. Deux fois Ministre du Trésor, il a géré les finances de l'Etat avec une habile prudence n'excluant pas les intelligentes audaces qui sont parfois nécessaires. Et son éloquence, soit comme ministre ou député ministériel, soit comme homme d'opposition, lui vaut invariablement de beaux succès oratoires, car il réunit toutes les qualités qui font le grand orateur : une belle figure aux lignes caucasiennes ; un geste ample et noble ; une voix vibrante et claire ; une phraséologie d'une remarquable élégance, exprimée avec une diction de la plus grande pureté ; et toutes ces rares qualités, mises au service d'un esprit généralisateur éminemment cultivé, constituent un ensemble qui prête à ses harangues une irrésistible puissance de persuasion.

Il serait superflu d'insister ici sur l'efficace apostolat que M. Luzzatti a exercé avec tant de suite et d'énergie en faveur du rapprochement des deux grandes nations latines ; et c'est par là que nous terminerons ce bref résumé de la carrière de notre illustre ami, en lui envoyant de Paris un salut reconnaissant dont, nous n'en doutons pas, l'écho se répercutera sympathiquement jusque dans Rome.

G. GIACOMETTI.

Les Nations sœurs dans les Arts et dans les Lettres

Au fur et à mesure que l'on vieillit, que l'on voyage et que l'on s'occupe de politique internationale, on s'aperçoit de cette grande et inéluctable vérité, à savoir que l'on ne refait pas du jour au lendemain la mentalité et surtout le génie d'un peuple, d'une race, d'une nation.

C'est surtout en Amérique, qu'il s'agisse des blancs, des noirs ou des gens de couleur, où cette vérité m'est apparue plus vivante, plus impérieuse que jamais.

Eh bien ! si l'on ne peut pas transformer, policer et améliorer du jour au lendemain une jeune République, le contraire est vrai, fort heureusement, pour les vieilles civilisations européennes et elles possèdent tout un patrimoine de gloires archi-séculaires, de grandeur ancestrale qui est bien leur héritage légitime et dont elles ont raison de se montrer fières à juste titre.

Sans vouloir remonter aux origines communes, c'est bien le cas de la France et de l'Italie, et, chose tout à la fois heureuse et digne de remarque, il se trouve que cet héritage est commun aux deux nations et qu'il serait bien impossible d'écrire l'histoire des Arts et des Lettres, leurs progrès et leurs transformations, si l'on voulait séparer l'une de l'autre, les deux nations sœurs.

En effet, il en est ainsi, plus particulièrement depuis le quinzième siècle, depuis la Renaissance ; allez donc écrire l'histoire de Jules II et de Léon X, toute question religieuse à part, sans parler de la France.

Allez donc raconter la vie de François Ier, sans parler de l'Italie !

Est-ce que l'Arioste, Machiavel, Le Tasse, Bimbo, Le Chiotto, Trissin, Orcagna, Donatello, Luca della Robbia, Cimabua, Brunelleschi, Fra Angelico, Léonard de Vinci, dont le tombeau est au château d'Amboise, sur les bords de la Loire, Michel Ange, Raphaël, Bramanti et cent autres que j'oublie, n'ont pas trouvé un écho profond dans l'âme française? Est-ce qu'ils ne l'ont pas souvent réveillée et fait frémir, en lui donnant la sensation de la beauté qui est comme le monopole sacré et intangible du génie ?

Et chez nous, lorsque François Ier fonde le collège de France, lorsque Rabelais ressuscite et élargit le vieux rire gaulois, lorsque Ronsard et la pleïade infusent un sang nouveau -- parfois en partie italien -- à notre langue, lorsque Marot semble l'ancêtre inimitable de nos futurs journalistes, croyez-vous que l'Italie reste indifférente à ce mouvement unique dans l'histoire littéraire d'un peuple et ne trésaille pas ainsi en chantant nos ballades d'amour, célébrant le charme et la grâce féminines?

Et lorsque François Ier fait venir en France Le Primatice, toujours vivant à Fontainebleau, Léonard de Vinci, Del Sarte, Benvenuto Celli ni qui semblent vouloir léguer leurs procédés et leur sang à des enfants adoptifs d'un égal génie, à des Français qui s'appelaient Philibert Delorme, Lesrot, Jean Goujon, Cousin, Germain Pilon qui ont laissé comme un poëme de pierre, éternellement jeune et vivant : Le Louvre ; croyez-vous que la fusion intime ne s'est pas accomplie pour toujours entre les deux nations ?

Eh, sans doute, tout cela est connu ; sans doute, nous l'avons appris sur les bancs du collège, mais nous ne l'avons pas toujours compris, comme on le comprend plus tard, au courant de la vie...

Voilà pourquoi l'Italie et la France sont bien toujours les deux nations sœurs, et si autrefois elles ont communié ensemble aux sources pures des Lettres et des Arts, aujourd'hui elles continuent leur intime collaboration dans le développement du commerce, de la science, de la colonisation et tandis que Marconi donne la réplique à nos savants, plus que jamais, elles nous apparaissent marchant la main dans la main, vers la conquête finale du progrès indéfini et de la paix du monde !

Elles peuvent être fières, car la mission est haute et noble entre toutes !

PAUL VIBERT.

Les Grands Artisar

Le Marquis VISCONTI-VENOSTA

Th. DELCASSE

Camille BARRERE

Comte TORNIELLI

de l'Entente Amicale

ZANARDELLI

PRINETTI

Luigi LUZZATTI

Général TURR

L'Amitié Franco-Italienne

Tel sera le titre de l'ouvrage que je ferai paraître prochainement.

La visite que vient faire à la France, sa Majesté Victor Emmanuel III, Roi d'Italie, est un évènement trop important pour que nous ne relations pas ici par qu'elles considérations diplomatiques fut tenté le rapprochement de l'Italie et de la France, attirées l'une vers l'autre par une amitié séculaire.

Les partisans de l'union des deux grandes nations latines — et ils sont nombreux en France — saluent avec joie l'arrivée de Sa Majesté le Roi d'Italie.

Tout d'abord, je dois dire, que si les relations entre l'Italie et la France, sont devenues ce qu'elles étaient autrefois, amicales, tout l'honneur en revient à notre éminent ambassadeur à Rome, M. Camille Barrère, qui a été le véritable artisan de cette œuvre bienfaisante. Par son tact, sa clairvoyance, son bon sens et son expérience consommée, il a mené à bien, la délicate mission qui lui avait été confiée.

A sa grande satisfaction, notre distingué ambassadeur a vu les malentendus se dissiper, il a su, par son habileté diplomatique, conquérir les cœurs italiens, en groupant autour de lui des hommes dévoués à sa cause, et aussi admirateur de ses espérances. Notre sympathique ambassadeur s'est créé au Quirinal, des amitiés sûres, des sympathies profondes. Il a marché résolument dans la voie qu'il s'était tracée, et dont le noble but tendait au rapprochement des deux peuples. Il peut être fier de son œuvre, car elle a été en tous points, couronnée du succès le plus éclatant.

En acclamant, comme nous le ferons sincèrement, l'Auguste Souverain qui vient nous rendre visite, une partie de nos vivats ira à M. Barrère.

Quant à son Excellence, le Comte Tornielli, l'éminent ambassadeur d'Italie à Paris, nous ne saurions trop lui manifester notre gratitude, car sa conduite, à ce sujet, a été au-dessus de tout éloge, il a, par son jugement sûr et l'assurance de ses appréciations, compris, dès la première heure, que les intérêts politiques et commerciaux de l'Italie et de la France étaient liés, que l'union était nécessaire à la vie politique des deux nations, nous l'en félicitons, car en se faisant l'arbitre des destinées de son pays, il a loyalement servi une grande et noble cause, tout en rendant un service appréciable aux deux peuples.

Pendant son séjour à Paris, Sa Majesté le Roi sera partout accueilli avec cette courtoisie exquise qui sied si bien à l'âme française, l'hospitalité qu'il recevra sera large, généreuse et empressée ; nous voulons que notre Auguste Hôte emporte de la France en général, et de Paris en particulier, un souvenir inoubliable de la réception grandiose qui lui sera faite, et des manifestations de cordiale sympathie qui seront exprimées partout sur son passage.

En France, on suit avec intérêt le développement merveilleux de l'Italie. Aucune nation n'applaudit avec plus de joie à sa prospérité.

Quand M. Prinetti occupait le poste de ministre des affaires étrangères, il travailla, avec la plus louable ardeur au raffermissement des relations diplomatiques entre les deux nations ; son concours dévoué, son zèle inlassable furent acquis dès la première heure à l'union franco-italienne ; à côté de lui, était le marquis Niccolini, sous-secrétaire d'Etat au ministère des travaux publics, qui sait si bien manifester ses sympathies envers la France. L'éminent diplomate l'a prouvé lors de la récente visite de M. Chaumié à Rome. Je dois aussi nommer, comme ayant donné des preuves de dévouement à l'œuvre que nous poursuivons dans l'intérêt des deux nations : M. Edouard Lockroy, député, président d'honneur de la Ligue Franco-Italienne ; M. Beauquier, député du Doubs ; notrs très sympathique président actuel, M. le général Türr, qui a combattu aux côtés de Garibaldi, et dont le désir le plus ardent est d'unir la France et l'Italie dans la paix, pour le droit et pour la justice.

Parmi les membres de la Ligue Franco-Italienne, dont je me félicite de faire partie, les plus dévoués sont MM. Raqueni, fondateur et secrétaire général de la Ligue ; le marquis de Castrone, Jacometti, etc., etc...

En Italie, les concours ne nous ont pas fait défaut. Parmi les diplomates, il convient de citer M. Zanardelli, président du Conseil des Ministres, M. Luzzatti, l'amiral Morin, ministre actuel des affaires étrangères, M. Nasi, ministre de l'instruction publique, M. Biancheri, président de la Chambre italienne, Leurs Altesse Royales, le duc de Gênes, le duc des Abbruzes, le comte de Turin, le duc d'Aoste qui aiment la France, ainsi que le prince Prosper Colonna, l'amiral Frigerio, le général Brucati, MM. César Gianotti, préfet du Palais-Royal, Torra, professeur à l'Université de Naples, Grimani, syndic de Venise, L. Conforte, du Musée Nationale de Naples, Giolitte, Marcora, Sonnino, Mauro-Mari, le célèbre miniaturiste de Florence, Raineri de Gênes, F. Bona de Turin, qui tous, ont donné à la France des preuves de sympathie.

Pendant le long séjour que j'ai fait cet hiver, au pays où fleurit l'oranger, j'ai constaté avec joie, qu'à Rome, Florence, Milan, Naples, Venise, Turin, Bologne, Pise, Vérone, la France était aimée ; j'ai, pendant mes pérégrinations à travers l'Italie, été mis en rapport avec la haute société, il m'a été facile d'apprécier la noblesse et la générosité des cœurs italiens, vertus qui sont l'apanage des hommes d'élite ; je n'ai trouvé partout que l'hospitalité la plus large, l'accueil le plus bienveillant.

Tous ces hommes supérieurs que j'ai fréquentés, me disaient qu'avec l'œuvre du temps, ce grand facteur des choses, l'alliance des trois nations latines, pourrait bien se réaliser. Ce serait notre vœu le plus ardent, que de voir la France, l'Italie et l'Espagne réunies dans le même idéal, l'amour de la Paix.

Sa majesté le Roi Victor Emmanuel III a su, avec une délicatesse de sentiments qui lui fait honneur, donner à sa politique une orientation bienfaisante qui fut le prélude de l'entente franco-italienne. Il a, du reste, trouvé dans son entourage, des concours efficaces. Leurs Altesses Royales, le duc de Gênes, le duc d'Aoste, le duc des Abbruzes, le comte de Turin, et le marquis Visconti-Venoste, qui est le véritable initiateur du rapprochement, ont été ces précieux collaborateurs, et nous devons rendre hommage à la perspicacité de ces éminents hommes d'Etats, qui ont compris que tout commandait ce rapprochement désiré ardemment par les deux peuples.

M. Barrère et son Excellence le comte Tornielli sont le trait-d'union entre les deux pays.

Tout concorde à resserrer les liens naturels d'amitié qui unissent la France et l'Italie. L'intérêt des races latines n'est-il pas d'ailleurs évident ? Ne doivent-elles pas s'entendre, se concerter, pour converser leur place dans l'équilibre européen. Trois races, trois religions, se partagent l'Europe : la race latine, la religion catholique, la race germanique, la religion protestante, la race slave, la religion grecque. Inférieurs en nombre, les Latins sont puissants par l'influence intellectuelle ; ils peuvent donc encore lutter contre la formidable pression des races germanique et slave, mais à la condition que la France, l'Italie et l'Espagne restent étroitement unies, afin de pouvoir défendre contre toutes les tentatives, leurs traditions et leurs croyances communes,

L'Italie, à laquelle nous rattachent tant de liens, vient à nous en vertu de cette loi d'affinité de race qui détermine entre les peuples ayant une même origine commune, d'irrésistibles sympathies. Oui, nous aimons l'Italie, parce que tout nous attire vers elle.

Tous les Français saluent avec joie l'arrivée des Souverains Italiens. La gracieuse Reine Hélène qui porte si majestueusement la couronne de Savoie, a voulu, en accompagnant son royal époux, donner à la France, un gage de son amitié. Sa Majesté la reine Hélène est la fille du prince régnant du Monténégro. Née le 8 janvier 1873, elle a épousé, le 24 octobre 1896, le fils du roi Humbert II.

Douée de toutes les vertus qui sont l'apanage des âmes d'élite, la reine Hélène professe la charité avec une incessante sollicitude, la considérant comme un devoir impérieux de la souveraineté, sa bonté exquise, sa grâce infinie et son âme si pure l'on fait aimer de son peuple. Elle est le radieux soleil de l'Italie.

Honneur à Sa Majesté le roi Victor-Emmanuel III, car c'est sa politique sage et raisonnée, qui a favorisé le rapprochement définitif des nations sœurs.

Il manquait une consécration à cette œuvre diplomatique, la présence de Sa Majesté la reine Hélène donnera cette consécration à l'amitié réciproque des deux peuples, et, c'est par un sourire que la gracieuse reine scellera à jamais l'amitié franco-italienne qui deviendra l'alliance des cœurs.

C'est pourquoi nous crierons sur le passage des souverains italiens :

Vive le Roi Victor Emmanuel ! ! !
Vive la Reine Hélène ! ! !

Philippe DESCHAMPS,
Président de la Ligue Franco-Italienne.

AURELIO SAFFI

Lorsque je fondais, en 1883, le *Paris-Rome* dans le but de dissiper les malentendus entre la France et l'Italie, l'illustre Aurelio Saffi, qui, par son noble caractère et par l'intégrité de sa vie, jouissait de l'estime de toutes les fractions du parti libéral italien, m'adressait la lettre suivante :

« Bologne, 12 juin 1883.

« Mon cher Raqueni,

« J'applaudis de tout mon cœur à votre entreprise patriotique.

« Le titre même de votre journal répond à une grande idée.

« Ces deux mots joints ensemble résument la tradition de l'humanité.

« J'y vois la continuité du progrès, lien vivant entre le passé et l'avenir, le rajeunissement perpétuel des facultés de l'esprit humain par le souffle de la pensée et de la liberté.

« La mission de représenter, de développer cette loi de transformation de la vie sociale est le privilège des peuples initiateurs, des peuples qui possèdent à un degré supérieur l'aspiration vers l'idéal, vers ce qui doit être, qui doit devenir.

« Or, l'Italie et la France sont hautement douées, à des points de vue différents, de cette faculté. C'est ce qui les place à la tête du mouvement de la démocratie en Europe.

« Mais elles ne sauraient accomplir leur œuvre en restant séparées l'une de l'autre.

« Il faut qu'elles se complètent par leur union fraternelle.

« L'alliance entre la France et l'Italie, en face de la réaction qui les menace toutes les deux, est la sauvegarde de la civilisation et du progrès.

« Leur division hostile serait un crime de lèse-humanité. Empêcher par tous nos efforts ce crime, en déjouant les intrigues ténébreuses des ennemis de la liberté, est notre suprême devoir.

« Agréez, etc...

« Votre dévoué,

« Aurelio Saffi. »

ÉTAT DU CIEL DE PARIS, A 11 HEURES DU SOIR, LE 14 OCTOBRE 1903

Jour de l'Arrivée de Leurs Majestés Le ROI et La REINE D'ITALIE

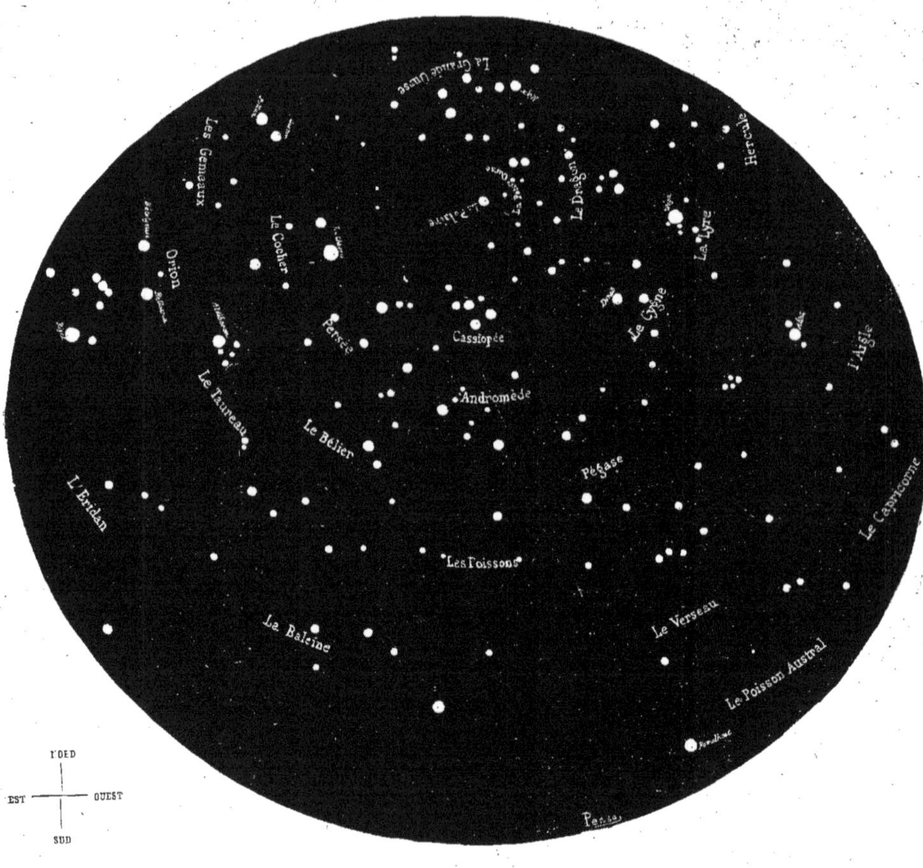

On observera, qu'à 11 heures du soir, les constellations de Cassiopée, d'Andromède et des Poissons se trouveront au méridien, c'est-à-dire sur une ligne passant au-dessus de notre tête et par l'étoile Polaire, dans l'ordre ci-dessus indiqué et en allant du Nord au Sud.

Les constellations du Cocher, des Gémeaux, d'Orion, avec les trois Rois, apparaîtront à l'horizon du côté Est, et par conséquent, se lèveront ; tandis que celles de la Lyre, de l'Aigle et du Verseau se coucheront à l'Ouest.

Les plus brillantes étoiles visibles à l'œil nu, seront : Wega de la Lyre, Altaïr de l'Aigle, Capella du Cocher, Aldébaran du Taureau, Castor et Pollux des Gémeaux et six des sept étoiles de la Grande Ourse.

Le ciel présentera le même aspect de quatre en quatre minutes plus tôt les nuits suivantes, sauf pour les planètes qui se déplacent par rapport aux étoiles.

Parmi celles-ci, on pourra voir Jupiter et Saturne, le premier dans la constellation du Verseau, le second dans le Capricorne. Mercure et Vénus ne se lèvent que le matin, quelques heures avant le Soleil ; quant à Mars, il sera inobservable.

G. PENSO.

L'UNION LATINE

Ce tableau, représentant l'Union latine, de l'éminent artiste M. Innocenti, si remarqué et applaudi à l'exposition de 1889, se trouve à l'Hôtel-de-Ville. Sur l'initiative de M. S. M. Musset, membre de la Ligue Franco-Italienne, il fut offert au Conseil municipal de Paris.

M. Innocenti nous adresse à ce sujet la lettre suivante :

« Mon cher Raqueni,

« Vous savez que le rêve de toute ma vie a été l'union des nations latines. Il me semble que les circonstances sont favorables pour remettre au jour cette question si intéressante pour nous.

« Chacun, en cette vie, combat selon ses moyens : vous, vous avez servi votre idée avec votre plume éloquente, moi je l'ai exprimée avec mon pinceau dans ce tableau de l'union latine que l'on a bien voulu placer à l'Hôtel-de-Ville.

« Maintenant, mon cher ami, ce n'est point une pensée d'ambition qui me pousse à vous écrire ceci : Je suis vieux à présent et ne désire plus rien que le triomphe de notre idée. Combien je serais heureux avant de mourir de voir l'Union de ces nations si bien faites pour s'entendre à notre point de vue !

« Notre jeune roi va venir. La France est prête à le recevoir avec une pleine cordialité : c'est le moment de reprendre cette guerre sainte qui amènera, n'en doutez pas le triomphe de notre rêve patriotique.

INNOCENTI, artiste peintre.

NOBLESSE OBLIGE

Les descendants de ceux qui, pour une si grande et magnifique part, participèrent à l'avènement de la Renaissance, et la présentèrent sous la forme de l'admirable et immortel triptyque de l'art, de la science, des lettres ;

Les fils de la génération héroïque dont la grande âme donna les Droits de l'homme au monde ;

L'Italie et la France en un mot, responsables devant le passé, le présent, l'avenir, ont le devoir, sous peine de déchéance, de marcher la main dans la main, à la tête des nations latines, et de travailler sans relâche à la réalisation pacifique d'une civilisation toujours plus juste, lumineuse, humanitaire et, partant plus heureuse.

MANUEL VASSEUR

GIOVANNI BOVIO

La mort, dans ces derniers temps, a implacablement fauché le champ de la démocratie italienne. C'est sur les têtes les plus hautes que son impitoyable tranchant s'est surtout acharné. C'est ainsi que nous avons vu succomber et Matteo Renato Imbriani, l'éloquent tribun dont la voix d'airain électrisait les foules, et Felice Cavallotti, l'élégant poète, l'orateur puissant qui persuadait et subjuguait les majorités parlementaires les plus opposées à ses idées, et Giovanni Bovio, enfin, Bovio, le philosophe impeccable, dont la libre pensée était invariablement éclairée par ces deux points lumineux que voient seuls les esprits d'élite : Tolérance et Bonté.

Le *Paris-Rome* devait une mention spéciale à ce cher disparu d'hier. Mieux qu'une notice biographique, une lettre de lui, à un de nos amis, M. Coletti, fera connaître sa belle âme à nos lecteurs. On trouvera ci-après, traduite aussi littéralement que possible, celle qu'il écrivait l'an dernier à Paris, à l'occasion d'un banquet franco-italien. G.

« Naples, 9 avril 1902.

« Chers amis Italiens et Français,

« Lorsque, de ce côté et de l'autre des Alpes, plus d'un, par des fins indéfinissables, soufflaient la haine entre l'Italie et la France, il y avait en Italie un petit groupe d'hommes qui jugeaient une telle haine funeste aux nations latines et aux vues de la civilisation; un groupe qui, travaillant à conjurer une guerre souhaitée par des insensés, pressentait non lointain le rapprochement des deux peuples. J'appartenais, moi aussi, à ce groupe, et, dans la presse comme à la tribune, je m'efforçais de démontrer qu'une nation est plus forte seule que mal alliée, qu'aux alliances éventuelles succèderaient les ligues naturelles de nations sœurs.

« Une ligue latine n'est pas encore un fait matériel accompli, mais elle existe dans les âmes, et c'est déjà là un grand pas de fait.

« Une telle ligue ne peut signifier ni des conquêtes ni des partages de proies. Ce qu'elle doit signifier c'est un frein aux voleurs de territoires et de peuples, une menace au brigandage international. Et nous verrons cette ligue s'affranchir des visées d'une diplomatie insidieuse qui, lorsqu'elle n'envahit pas, laisse envahir, permettant usurpations et massacres, comme si la pensée n'avait rien dit, comme si l'histoire n'avait rien fait pour créer un sentiment de solidarité humaine qui proscrit, non l'expansion, mais la violence et la rapine.

« Tenez-moi pour non absent, mais parmi vous en esprit, et recevez mon salut fraternel.

« GIOVANNI BOVIO. »

LES DEUX SŒURS

A la Ligue Franco-Italienne.

Retrouvant tout à coup leur tendresse première,
Sous ces rayons d'automne, à la chaude clarté
Qui détaille leur grâce et nimbe leur beauté,
Voyez-les s'avancer d'une allure plus fière !

Cependant qu'avec foi, sublime de prière,
A leurs yeux éblouis, le Génie, enchanté,
Evoque, en les guidant vers l'immortalité,
Une ère de progrès, de paix et de lumière :

Elles vont les deux sœurs, se tenant par la main,
Du vrai, du grand, du beau retrouvant le chemin,
Bénissant l'amitié qui les réconcilie ;

Elles vont, et, sans heurt, à leur touchant aspect,
L'univers, attendri, s'incline avec respect
Et murmure: « Suivons la France et l'Italie ! »

B. NORDEZ

La Ligue Franco-Italienne

La Ligue Franco-Italienne existe virtuellement, depuis 21 ans, car elle est née de cette grandiose st inoubliable manifestation qui eût lieu au mois de juin 1882, au Cirque d'Hiver, en l'honneur de Garibaldi, où le vaillant général Türr prononçait un remarquable discours, dont le retentissement fut grand en France comme en Italie.

Il terminait par ces mots :

Unissons-nous, car les malheurs de l'un ne ferait pas le bonheur de l'autre !

Mais la Ligue n'a été définitivement et légalement constituée qu'en 1888, dans le but de dissiper tous les déplorables malentendus qui avaient surgi, je ne dirai pas entre les deux peuples qui n'ont jamais cessé de s'aimer, mais entre les gouvernements des deux pays. Il me paraît superflu de faire l'historique de ces malentendus, aujourd'hui heureusement dissipés pour le bien des deux nations.

Un jour, je me trouvais chez M. Gambetta, et je lui parlai de la nécessité de fonder une Ligue, faisant appel à toutes les bonnes volontés, aux hommes de tous les partis, pour réagir contre les criminels qui poussaient les deux nations sœurs à une lutte fratricide.

— Votre idée est excellente, me dit le grand patriote et homme d'Etat, qui aimait beaucoup l'Italie, la patrie de son père. Vous pouvez compter sur moi. »

Nous commençâmes d'abord par créer un journal quotidien *La Gazette du Soir*, organe franco-italien, dont MM. Gambetta et le général Türr étaient les principaux actionnaires. M. Centomani en était l'administrateur et moi le directeur politique. Malheureusement les circonstances étaient peu favorables à une pareille entreprise si difficile et au-dessus de nos faibles forces, et le journal n'eut qu'une courte existence. Mais notre échec ne nous découragea pas. Deux ans après je fondais le *Paris-Rome*, qui, pour les mêmes raisons eût le sort de la *Gazette du Soir*.

Même ce troisième échec ne nous rebuta pas.

C'est alors que je songeai à la réalisation de mon idée « la Ligue Franco-Italienne » avec le précieux concours du général Türr, le plus latin entre tous les latins, quoique hongrois ; du comte de Douville-Maillefeu, Edouard Lockroy ; du marquis de Castrone-Morin, ancien conseiller municipal ; Armand Lévy ; Eugène Delattre, ancien préfet de la défense nationale et député de la Seine ; Bourgeois, député du Jura ; Montaut, député de Seine-et-Oise ; Villard, ingénieur, ancien conseiller municipal, etc., etc...

La Ligue tînt sa première le 24 septembre 1888, à la Grand Loge de France, à l'occasion du 18e anniversaire de l'entrée des troupes italiennes à Rome, sous la présidence de M. Eugène Delattre. Ce fut le commencement de son existence légale. Le marquis de Castrone proposa d'organiser la Ligue sur des bases solides, avec des statuts et de créer des sous-comités dans toute la France et en Italie, ce qui fut fait.

Une assemblée générale eût lieu le 1er octobre pour l'approbation des statuts. Le 2 novembre 1888, le Comité provisoire de la Ligue tint une importante réunion dans les bureaux du journal l'*Etendard*, 8, rue Ménard, sous la présidence de M. de Douville-Maillefeu. Plusieurs députés et représentants de la presse y assistaient. On procéda à la nomination du Comité définitif qui fut composé ainsi : général Türr, président d'honneur ; comte de Douville-Maillefeu, président ; Bourgeois, député du Jura ; le marquis de Castrone, vice-présidents ; Raqueni, secrétaire général ; Villard, Montaut, député, Edmond Thiaudière, Candolfi Pesce, ingénieur, Bérasco, S.-B. Musset, Hippolyte Dertrem de Larbac, Rubini, secrétaire de la chambre de commerce, Madrassi, Innocenti, de Rienzi, membres.

La Ligue a perdu trois présidents : le comte de Douville-Maillefeu, le général Jung, et le docteur Girard, député de Riom, à la mémoire desquels je rends un hommage ému.

Cavallotti Imbrani, Bonghi, Aurelio Saffi, Pianciani furent les premiers adhérents italiens à la Ligue, qui dans le camp conservateur italien avait été accueillie avec une certaine méfiance. Tous les francophiles au-delà des Alpes passaient pour des anti-patriotes et pour des démagogues.

Les gallophobes d'antan, qui nous combattaient ou se montraient sceptiques, sont devenus maintenant les plus chauds francophiles et se sont ralliés à notre cause, du triomphe de laquelle nous n'avons jamais douté, car c'était celle de la vérité.

La Ligue a aujourd'hui à sa tête un homme de grande valeur, dévoué à toutes les nobles causes, M. Charles Beauquier, qui, depuis plus de vingt ans, représente à la Chambre le département du Doubs.

Je ne retracerai pas l'œuvre de la Ligue dont tout le monde sait le rôle qu'elle a joué pour rapprocher et réconcilier les deux grandes nations latines. Elle a secondé les efforts de la diplomatie des deux pays, et peut être fière de ses succès.

La visite du Roi d'Italie à Paris, qui est un des plus grands évènements historiques peut être considérée comme le couronnement de son œuvre.

RAQUENI.

NOS ARTISTES

En première page figure la reproduction d'une plaquette de l'éminent statuaire italien C. Cernigliari-Melilli, auteur de plusieurs œuvres d'une grande partie philosophique telles que « La Chimère éternelle » — « Ego sum » — « Verum quœro » — « Perles » — « La Beauté », etc...

Le beau dessin de la couverture symbolisant la France et l'Italie est dû à un autre éminent artiste florentin, M. Tofani, bien connu à Paris.

La Nouvelle Ligne " Franco-Italienne "

L'Europe entière a applaudi au rapprochement politique de la France et de l'Italie et les hommes d'Etat auxquels revient l'honneur d'avoir préparé avec patience et persévérance cette œuvre de paix, méritent notre reconnaissance.

Après l'entente politique, nous voyons poindre à l'horizon la consolidation de l'entente économique. Cette dernière s'impose également, car plus fertile encore que la première pour le bien des peuples, elle scellera à

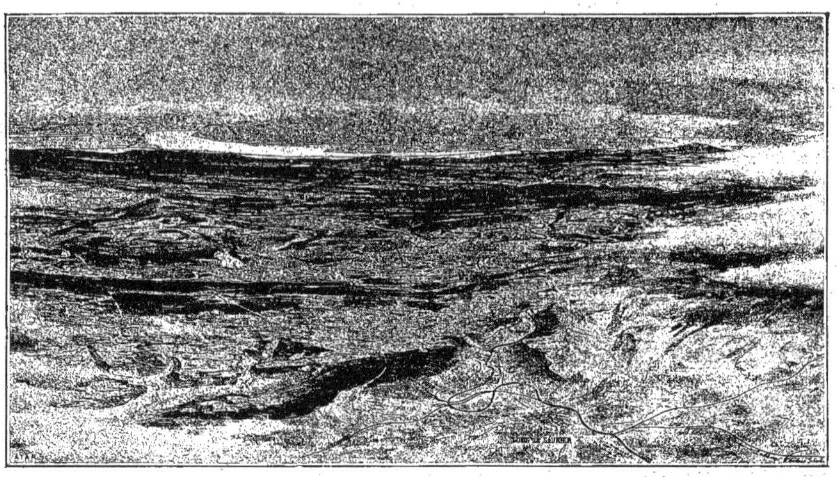

LA FAUCILLE

Vue en perspective de la ligne internationale de Lons-le-Saunier, Genève et Milan par le Jura, sur le versant Nord. Le tracé pointillé indique les tunnels à construire

M. CHARLES PREVET

Sénateur de Seine-et-Marne
Président du Comité français à Paris, pour la nouvelle ligne internationale Paris-Genève

M. CHARLES LOISEAU

Docteur en droit
Publiciste

M. BÉNASSY PHILIPPE

Président de la Chambre de Commerce française de Genève

M. Louis LAFFITTE

Publiciste

LA FAUCILLE

Vue en perspective de la ligne internationale de Lons-le-Saunier, Genève et Milan sur le versant Sud. Le tracé rejoindrait la ligne de Lyon-Genève à Meyrin.

M. THÉODORE TURRETTINI
Ingénieur, Président de l'Association pour le percement de la Faucille, à Genève

M. FRANCIS REVERDIN
Ingénieur
Président de la Commission technique de l'Association

M. GUSTAVE GOEGG
Professeur à l'Ecole Supérieure de Commerce de la ville de Genève
Secrétaire général de l'Association pour le percement de la Faucille

Lieutenant-Général BIGOTTI
Le promoteur du développement de la Navigation intérieure, en Italie

jamais l'anneau de l'union pacifique que le 14 Octobre S. M. le Roi d'Italie vient échanger à l'Elysée avec le Président de la République française.

Le percement du Simplon va en procurer l'occasion. Sous peu, en effet, la civilisation verra s'ouvrir une nouvelle grande artère que le génie technique perce avec précision à travers une masse imposante de rochers. Le bienfait de cette nouvelle voie est de « droit géographique » acquis à la France, car devant la menace du Saint-Gothard, qui fut la conséquence de l'ouverture du canal maritime de Suez, nous vîmes des patriotes français, parmi lesquels il faut citer Gambetta, Sadi Carnot, Henri Brisson, Edgard Quinet, le général Billot, etc., déposer en juin 1870, une proposition de loi tendant à accorder au Gouvernement un crédit de 48 millions pour le percement du Simplon. Cette proposition disait : « Le Gouvernement français doit-il renoncer aux avantages que promet la communication directe « des ports de la Manche à ceux de l'Adriatique ? « Peut-il hésiter à suivre l'exemple qui lui est donné « et ne pas engager résolument la lutte sur le terrain « pacifique et fécond où elle est portée et ne pas con- « server à la France sa part légitime, dans cet immense « courant économique ? Pour sauvegarder ces intérêts, « il suffit de relier les lignes italiennes et les lignes « françaises par le percement du Simplon et d'ouvrir « au commerce du monde la ligne la plus courte et la « plus directe, entre le Sud de l'Italie et Londres comme « points extrêmes. » Des événements d'ordre politique empêchèrent la France de donner suite à l'avis clairvoyant des hommes d'Etat français de cette époque. L'Allemagne perça le Saint-Gothard, la Suisse et l'Italie sont sur le point d'achever le Simplon et la France a maintenant la grande préoccupation de relier par la meilleure voie possible son réseau avec ce tunnel. M. l'amiral de Cuverville disait le 19 juin dernier au Sénat français : « Les grandes lignes internationales, centrali- « sant les courants commerciaux sont, en ce moment, la « préoccupation du monde entier, et, particulièrement, « de toute l'Europe occidentale ; il est impossible que « la France reste en dehors de ce mouvement ; à tout « prix, il faut ramener et conserver sur notre territoire « le trafic international que nos voisins de l'Est veulent « s'assurer. Ils n'ont pas craint d'engager les dépenses « colossales pour surmonter les difficultés qui leur « étaient opposées par la nature. »

« La rapide extension économique de l'Allemagne « est due, en grande partie, à la décision avec laquelle « elle s'est appliquée à se créer des voies de pénétra- « tion ;

« Pour ce qui concerne les voies ferrées, huit lignes « d'accès en exploitation, en construction ou projetées « — destinées à assurer les communications entre l'Amé- « rique, l'Angleterre, le Nord-Ouest de l'Europe d'une « part, et la Suisse, l'Italie, Suez et les pays d'Orient « de l'autre viennent s'implanter sur la direction Bâle- « Trieste. Le tunnel du Saint-Gothard à lui seul, fait « perdre à nos Compagnies de chemins de fer et de « navigation des sommes considérables.

« Le percement du Simplon aggravera encore cette « situation si nous n'y prenons garde, car il donnera, « sur l'Italie et l'Orient, un passage beaucoup plus « avantageux au trafic venant de l'Angleterre, du Nord- « Ouest de l'Europe, et aux marchandises de l'Amé- « rique débarquées à Hambourg, à Rotterdam et à An- « vers. Il faut donc, sans plus attendre, se préoccuper « des voies françaises d'accès au tunnel du Simplon ; « il faut notamment, une voie ferrée aussi courte, aussi « rapide que possible, maintenant sur notre territoire le passage de la malle des Indes à destination de « Brindisi, que l'Allemagne voudrait détrôner en fa- « veur de Salonique ; un accord franco-italien peut « se faire sur cette question. »

L'Italie qui est en voie de prospérité et que toutes les questions d'ordre commercial captivent, attend avec un intérêt croissant quelle décision prendra le Gouvernement de la République au sujet des voies d'accès françaises au Simplon.

Trois projets sont en présence :

1°. — Le raccourci de Frasne-Vallorbe dans la région de Pontarlier.

2°. — La ligne de Saint-Amour-Bellegarde dans la région du Credo.

3°. — La ligne dite de « La Faucille ».

L'enquête économique entreprise l'année dernière par les soins du ministère du Commerce sur cette grande question vitale pour le commerce français a démontré que plus de 44 départements et 96 Chambres de Commerce de la France avaient affirmé nettement l'importance que la ligne de la Faucille aurait pour le développement économique du pays.

La ligne à construire partirait de Lons-le-Saunier, se développerait sur les coteaux pour atteindre Revigny, traverserait, par un tunnel de 6.400 mètres, la chaîne derrière laquelle coule l'Ain, continuerait à s'élever sur le plateau jusque vers Messine, entrerait dans un tunnel de 11.400 mètres pour déboucher au-dessus de Saint-Claude. Elle suivrait la vallée de Flumen et entrerait dans le grand tunnel de 14.200 mètres — c'est le chiffre de la dernière étude — pour en ressortir au-dessous de Crozet et rejoindrait la ligne actuelle à Meyrin, se dirigeant sur Genève, le tout formant un total de 80 kilomètres.

M. Noblemaire, l'éminent directeur de la Compagnie Paris-Lyon-Méditerranée, considère ce projet comme infiniment supérieur aux autres en profil, et par suite, plus économique pour les marchandises et plus rapide pour les voyageurs. Ses grands avantages seront sa basse altitude (559 mètres), et ses pentes à 10 0/00 : la distance réelle de Paris à Milan serait de 870 kilomètres. L'absence de pentes et de courbes de faible rayon permettrait de gagner trois heures sur la durée du trajet actuel, de Paris à Genève.

Tout le Nord, l'Ouest et la région Centrale de la France assureraient un gros trafic à la future ligne, ce qui permettrait une rémunération rapide des capitaux engagés.

Sur l'initiative prise par le Président de la Chambre de Commerce française de Genève, M. Benassy-Philippe, qui a rendu de ce fait un service signalé à son pays, il s'est constitué à Genève, une Association dont le but a été de faire connaître l'importance de cette grande voie internationale. M. Turrettini, le savant ingénieur, a accepté la présidence du Comité, il a eu parmi ses principaux collaborateurs, M. l'ingénieur Reverdin et le docteur Goegg.

Ce dernier par ses nombreuses conférences en France, en Angleterre et en Italie, a su rendre populaire ce projet que le Congrès international de Géographie économique, ainsi que le 5° Congrès des Chambres Syndicales, industrielles et commerciales de France et des Chambres de Commerce françaises à l'étranger adoptaient en 1900 avec des considérants des plus favorables. Plus récemment encore, le Congrès National des Travaux Publics de Paris en février 1903, émettaient ainsi que le Congrès National de Géographie de Rouen, le 5 août dernier, le vœu que le Gouvernement français prit des mesures nécessaires pour hâter la construction de la ligne de Lons-le-Saunier à Genève.

En France, le mouvement en faveur de cette ligne franco-italienne a pris de suite un grand essor, grâce, à l'activité de M. le sénateur Prevet et à la plume si éloquente d'un publiciste français M. Ch. Loiseau, un ami de la nation italienne dans les jours difficiles, qui lui consacra des articles d'ordre économique, lesquels parurent en leur temps optimistes et que les événements se sont chargés de justifier. On peut considérer M. Loiseau comme un des écrivains français qui se sont le plus efforcés de dégager les bases politiques et rationnelles du « ravvicinamento » de façon à conquérir à cette œuvre les esprits qui ne se contentent pas uniquement des raisons du cœur.

Nous pourrions citer en France bien d'autres pionniers de cette grande œuvre. Les publications des Perrot, des Peyralbe, des Vibert, des Haguet, des Muzet, des André Vixi, des Reverchon, des Galotti, des Monnet, etc., et tout particulièrement les études si consciencieuses du Professeur Louis Laffitte de Nantes, auront contribué largement à préparer les esprits de cette revanche économique qui se prépare pour notre pays.

En Italie, grand aussi est l'intérêt porté à cette ligne. Bien des hommes distingués se sont groupés, désireux de donner au-delà des Alpes un écho à l'activité de leurs amis de France. Dès 1901, se constituaient divers Comités, à Brindisi, à Milan et à Rome. Des anciens ministres, des sénateurs et des députés, des ingénieurs et des industriels ont voulu se documenter et étudier la questions des voies d'accès françaises au Simplon, pour pouvoir par une action morale faire pencher la balance en faveur de la ligne répondant le mieux aux intérêts économiques de l'Italie et de la France.

Rappeler ici les noms du général Bigotti, de Sylvio Ghelli, du professeur Chimienti, de l'ingénieur Ricci-Busatti, du publiciste Raqueni, etc., c'est leur témoigner bien modestement notre connaissance. Tout récemment encore, M. le sénateur Colombo, dans une conférence faite à Milan le 7 juin dernier, ne disait-il pas : « La ligne de la Faucille serait effectivement la solu- « tion la meilleure par la voie d'accès française au « Simplon, vu la réduction des pentes et la faible alti- « tude de ce passage du Jura. »

Comment ne pas tenir compte aussi des efforts tentés, de part et d'autre des Alpes, pour l'aménagement des voies fluviales ?

La suture des réseaux navigables italiens et français, au moyen de la ligne internationale du Simplon, tel est le résultat que visent les savantes démonstrations des promoteurs du développement de la navigation intérieure, le général Bigotti en Italie, M. Louis Laffitte, en France. Dans l'un et l'autre pays, l'action des pouvoirs publics répond, à cet égard, au vœux de l'initiative privée.

De cet ensemble de faits, nous ne pouvons que nous réjouir. L'entente franco-italienne aidera puissamment à réaliser cette œuvre importante, gage d'avenir pour les deux pays, comme le fait remarquer l'économiste Louis Laffitte :

« Du jour où cette ligne sera construite, dit-il, la « France possèdera une voie dont la fonction écono- « mique pourra se comparer à celle du Gothard. Non « seulement la Suisse, mais l'Europe occidentale toute « entière en tirera avantage. Les relations de la Grande- « Bretagne avec les pays méditerranéens et l'Extrême- « Orient seront améliorées et facilitées. Celles de l'Italie « et de la France deviendront plus actives ; nos indus- « triels pourront soutenir sur les marchés transalpins « la concurrence des produits allemands et austro-hon- « grois. Nous conserverons, en tout cas, la Malle des « Indes que nos rivaux attribuent dès à présent à la « ligne d'Ostende à Salonique. Nos ports de l'Ouest, « enfin, seront de nouveau, les ports de l'Europe cen- « trale.

« Il semble donc bien qu'il y ait une solution natio « nale et non plus seulement locale ou régionale de « la question des voies françaises d'accès au Simplon. « Elle apporte avec elle honneur et profit ; c'est dire « qu'elle s'impose. »

DE CLAIRMONT.

Le Gérant : LEONSI.

Imp. Française. — J. DANGON, 123, rue Montmartre, PARIS

PHILIPPE DESCHAMPS

Membre de la Société des Gens de Lettres, Membre du Musée Impérial de Moscou, Fondateur du Musée Carnot de Fontainebleau, Membre du comité de la Ligue Franco-Italienne.

Officier de l'Instruction Publique, Chevalier du Mérite Agricole, Officier d'Académie, Commandeur des ordres St-Stanislas de Russie, du Lion et Soleil de Perse, d'Isabelle la Catholique d'Espagne, du Dragon d'Annam, Officier du Cambodge, Officier de St-Sava de Serbie, Officier du Medjidié de Turquie, Officier du Nicham de Tunisie, Chevalier de San-Thiago du Portugal, Chevalier du St-Sauveur de Grèce, Chevalier de Léopold Ier de Belgique et Chevalier de Danito Ier du Monténégro.

Philippe Deschamps est le fils de ses œuvres. Orphelin dès son enfance, il arriva, par son travail et sa conduite, à se créer une position honorable. Doué de conceptions vastes et fécondes, d'une intelligence remarquable, il prouva qu'avec de telles facultés l'homme peut faire beaucoup.

En 1870, il s'engagea pour la durée de la guerre.

Il se battit en soldat, revint malade, exténué, ayant subi toutes les privations imaginables, blâmé par sa famille, traité d'exagéré par la plupart de ses amis, désespéré des malheurs de sa Patrie, et cependant fortifié par le devoir accompli. Pour sa belle conduite devant l'ennemi, il fut proposé pour la médaille militaire, par le colonel Rincheval, mais oublié !

Ne pouvant plus être utile à son pays comme soldat, il se consacra tout entier aux affaires dès qu'il eut reconquis un peu de santé. Vingt-cinq ans durant, il fut un négociant actif, courageux, intelligent, et surtout inventif.

Ayant beaucoup voyagé, il fut, dès la première heure, partisan passionné de l'alliance russe, la seule qu'il croyait être sincère.

Sa reconnaissance était infinie pour les Souverains du grand empire du Nord qui ont protégé la France du démembrement et de la guerre, à des heures où elle eût pu être broyée plus encore qu'en 1870.

Il se répétait sans cesse qu'Alexandre Ier avait sauvé la France du partage en 1814; qu'Alexandre II, en 1875, avait empêché M. de Bismarck de se jeter sur nous au moment où nous étions en pleine reconstitution de nos armements; qu'Alexandre III s'était mis en travers du guet-apens Schnaebelé. L'œuvre accomplie par ce patriote sincère et dévoué, qui a le culte passionné du drapeau et l'amour de la Patrie, est une page d'histoire.

JULIETTE ADAM.

Ajoutons que M. Philippe Deschamps comme nos lecteurs peuvent le voir dans son remarquable article que nous publions dans ce numéro est aussi un ardent italophile, un partisan enthousiaste de l'union franco-italienne, qui est le plus sûr garant de la paix.

M. LOMBARDINI

M. Lombardini est né à Pistoja en 1851 et avec sa gentillesse innée des gens de la Toscane, aussitôt arrivé à Paris en 1873 il sut gagner la sympathie de quiconque l'approchait.

Arrivé en France sans moyens, comme ces anciens marchands florentins qui suivirent François Ier ou les reines de la maison Médicis, qui réussirent à ramasser des richesses par leur génie, l'audace et l'industrieuse activité et à se créer une renommée resplendissante dans les autres pays d'Europe.

Ces hommes méritaient de réussir et ils eurent des succès parce qu'ils avaient les qualités nécessaires ; le coup d'œil sûr pour juger une affaire, l'adresse à débrouiller les combinaisons les plus difficiles, le courage à risquer leur avoir dans des entreprises hasardeuses, l'énergie de résister au danger, enfin la constance à se maintenir dans la position acquise.

Angela Lombardini appartient à cette légion de capitaines de l'Industrie et de *self made men.* Il vint, vit et vainquit.

Le peu d'années qu'il passa sous la dépendance d'autrui comme pâtissier, il fit des économies et étudia le marché de la métropole française afin d'y introduire quelque chose de son cru.

En 1887, il fondait sa maison dans le quartier aristocratique de la Rue Saint-Pétersbourg et il se fit tout de suite un renom pour l'excellence de ses produits. A l'Exposition Universelle de 1889, M. Lombardini exposa la spécialité de biscuits de sa maison et obtint une grande médaille qui fut le commencement d'une série ininterrompue de distinctions obtenues à toutes les expositions auxquelles il prit part, surtout à celle industrielle de Londres, à laquelle ses biscuits romains ont obtenu la médaille d'or.

Encouragé par les succès, M. Angelo Lombardini lança de nouvelles créations comme les petits fours, les biscuits de Reims, gaufrettes, etc.

Aujourd'hui les biscuits Lombardini se trouvent sur toutes les tables aristocratiques et sont préférés dans les Five o'clock des belles mondaines.

En 1899, sa fabrique de la rue Saint-Pétersbourg ne suffisant plus aux exigences de sa nombreuse clientèle, M. Lombardini fut obligé d'émigrer dans la banlieue à La Garenne-Colombes où il a fait construire un établissement modèle pour la fabrication de ses produits.

Il occupe une cinquantaine d'ouvriers français et italiens, produisant quotidiennement plus de huit cents kilogrammes de pâtisseries diverses.

Toute la manipulation est exécutée mécaniquement avec moteurs à gaz dans deux immenses galeries. Sept fours servent à la cuisson des différents produits.

La fabrique occupe une superficie de 1500 mètres carrés, et étant donné le succès toujours croissant de ses produits, M. Lombardini devra bientôt agrandir encore ses vastes locaux.

La grande réputation dont jouit M. Lombardini est due à sa probité à toute épreuve, à sa continuelle surveillance et à son expérience dans les moindres détails de son industrie qu'il exerce avec une véritable passion.

Il est certain qu'une industrie est destiné à réussir lorsque le maître en est le meilleur ouvrier.

M. Lombardini est également connu pour un fin connaisseur dans l'art culinaire et je connais des gens qui le consultent avant de se décider pour le choix de fixer un menu d'un dîner qui est à Paris une des choses les plus importantes de la vie sociale.

A toutes ces belles qualités, M. Lombardini joint la finesse d'esprit toscan et une grande amabilité dans la conversation avec les amis et ses subordonnés bien que sa situation l'ait placé parmi les personnalités marquantes de la colonie italienne de Paris où il ne compte que des amis. Jamais il ne refuse un secours généreux aux institutions de bienfaisance italiennes et il accueille toujours avec bienveillance quiconque se présente à sa porte pour demander un secours.

M. Lombardini est depuis de longues années membre de la Chambre de commerce italienne de Paris et membre honoraire de plusieurs associations françaises.

Ajoutons qu'il a obtenu à l'Exposition mondiale de Paris de 1900 la plus haute récompense.

Un coin de Venise

A PARIS

C'est tout près du Palais Pesaro, à Venise, sur le Grand Canal, que se trouvent la fabrique de meubles artistiques de MM. G. Rossi et fils et leur belle collection d'objets d'art anciens.

Un choix de ce qu'il y a de plus beau et de plus décoratif dans l'art italien a été réuni dans la succursale installée à Paris, 398, rue St-Honoré, la maison historique qu'habita Robespierre.

C'est là que depuis onze ans on peut admirer, tant dans le magasin que dans les salons du premier étage, de beaux meubles, des frises ornementales, reproductions fidèles des merveilles de la Renaissance italienne, auxquels ont été joints des amours en bois sculpté dus au grand talent du chevalier V. Bésarel.

L'art renommé de la verrerie de Venise, y est aussi représenté par les splendides collections de modèles reproduits de l'ancien, venant de la célèbre Compagnie Venise-Murano, la seule qui depuis un demi-siècle s'est toujours efforcée à ne copier que des objets d'un style absolument pur, tout en parvenant à les mettre à la portée de toutes les bourses.

Aussi, est-ce un vrai musée que l'on trouve dans ce petit coin de Venise à Paris ; c'est pourquoi tous les fidèles de l'art et les admirateurs du beau connaissent la maison G. Rossi et fils, certains qu'ils sont à chaque visite, sûrs d'y trouver quelque progrès dans cette recherche constante de l'alliance de l'art avec l'industrie.

www.ingramcontent.com/pod-product-compliance
Ingram Content Group UK Ltd.
Pitfield, Milton Keynes, MK11 3LW, UK
UKHW021157230726
13926UKWH00001B/151

9 782014 066708